Género **Ficción**

I0800092

Pregunta esencial

¿Cómo puede una mascota ser un buen amigo?

Educando a Moño

Rosa Oriolo
ilustrado por Joe Cepeda

Capítulo 1
El regalo de cumpleaños

Hoy Hernán cumple siete años. Mamá y papá suben a su habitación y lo despiertan con un beso.

—¡Feliz cumpleaños! —dice mamá.

—¡Levántate! Tienes una sorpresa —dice papá.

—¿Qué sorpresa? —pregunta el niño con entusiasmo.

—Cuando bajes a desayunar, lo verás —responde mamá.

Hernán se viste rápidamente y baja al comedor. Se sorprende al ver una caja grande en el medio del salón. Al abrirla, sale un cachorro con un enorme moño azul en el cuello. Da un brinco y huele todo lo que encuentra.

—¿Cómo lo llamaremos? —pregunta mamá.

—Lo llamaremos Moño —contesta Hernán.

—Es un nombre bonito —asienten papá y mamá.

Por la tarde, en la fiesta de cumpleaños, los amigos de Hernán no tardan en relacionarse con Moño. Los niños juegan en el jardín y a Moño le encanta corretear detrás de la pelota.

Capítulo 2
Primeras lecciones

Hernán sabe que tiene que enseñarle muchas cosas a Moño. Le sirve comida pero Moño, apurado, cae sobre el tazón y llena el suelo de migajas.

—¡Come con cuidado! No desparrames tu comida —dice Hernán.

Pero Moño no le presta atención y come la comida derramada en el suelo.

Por la tarde, Hernán intenta enseñarle a traer una ramita. La arroja lejos y le dice que la busque. Pero Moño juega con su huesito, moviendo la cola.

Luego, intenta con las pantuflas de papá. Pero a Moño solo le interesa morderlas.

—Debes aprender, como el perrito de Viviana —le dice Hernán a Moño.

Su amiga también tiene un cachorrito y ya le enseñó a hacer pruebas y a portarse bien.

Hernán no se cansa. Ha decidido educar a Moño.

Moño está feliz. Corre detrás de las mariposas y de los pájaros en el jardín.

Hernán intenta enseñarle y lo premia con un huesito. Pero el cachorro no le hace caso. Moño está feliz con el apetitoso y suculento manjar.

Detective del lenguaje	¿Cuál es el sujeto de la oración subrayada en esta página?

Capítulo 3
Ladridos

Hernán intenta enseñarle a ladrar para que pida agua o si tiene hambre. ¡Pero no debe ladrar cuando están conversando o mirando televisión!

—Cuando mamá descansa, no debes hacer ruido —le dice Hernán.

Pero Moño, muy contento, comienza a ladrar.

—¡Moño, cállate! —dice papá—. No puedo escuchar las noticias.

—No molestes a papá —dice Hernán—. Mañana te enseñaré a traerle el periódico.

Pero Moño ladra cuando está contento, cuando le hacen cosquillas en la panza y cuando tiene ganas.

Hernán sale todas las tardes a pasear en bicicleta con sus padres y lleva a Moño a la plaza. Se divierten mucho juntos.

—Tienes que hacerte amigo de Val, el perrito de Viviana. Es chiquito como tú y muy inteligente —dice Hernán.

Pero Moño se hace amigo de un perro mucho más grande que él. A Hernán no le gusta porque es el perro que se come las flores de su jardín.

Capítulo 4
Después de las vacaciones

Las vacaciones de verano han terminado. Es el primer día de clases. Antes de salir hacia la escuela, Hernán quiere ir a jugar con Moño a la plaza. De pronto, un ladrido lo sorprende. Es Moño que le trae las botas.

—Apresúrate, date prisa o llegarás tarde a la escuela —dice mamá.

Moño desayuna sin volcar la comida. Luego, le trae el periódico a papá.

Mamá felicita a Moño y le acaricia los bucles de las largas orejas. Moño festeja la amistad con su familia haciendo piruetas.

Detective del lenguaje	¿Cuál es el sujeto de la oración subrayada en esta página?

Hernán se da cuenta de que su amiguito estuvo aprendiendo todo lo que él le enseñó.

Hernán sale corriendo a la escuela con la camisa recién abrochada. Moño corre contento a su lado y ladra para despedirlo.

Respuesta a la lectura

Resumir

Usa detalles importantes para resumir *Educando a Moño.*

Personaje	Ambiente	Sucesos

Evidencia en el texto

1. ¿Cómo sabes que *Educando a Moño* es un cuento de ficción? **Género**
2. ¿Qué tipo de mascota era Moño? Usa las ilustraciones como ayuda para responder. **Usar ilustraciones**
3. Usa las claves de la página 13 para definir *apresúrate*. **Claves de contexto**
4. ¿Qué hacía Moño mientras Hernán trataba de educarlo? Ayúdate con las ilustraciones. **Escribir sobre la lectura**

Género **Poesía**

Compara los textos

Lee sobre una mascota que alegra a todos.

Un gran amigo

Sebastián Olaso

Está junto a la puerta con ojos muy tiernos,
cuando ve que me acerco salta sin parar.
Mueve la colita, baila como un trompo,
me ladra un saludo y me quiere cantar.
Entonces lo acaricio, le digo que lo quiero
y juntos corremos a abrazar a mamá.

Me mira curioso cuando hago la tarea,
damos un paseo en las tardes de sol.
Está atento a los ruidos, levanta las orejas,
le gusta la música y conoce mi voz.
Mira el cielo claro cuando hay luna llena
y juega con papá a atrapar el balón.

Duerme junto a mí en las noches frías
y cuando lo baño se ve muy feliz.
Quiere a mis amigos, quiere a mi familia
disfruta de las flores de nuestro jardín.
Siempre está contento, está lleno de vida,
alegra nuestra casa y nos hace reír.

Haz conexiones

¿Por qué el perro del poema alegra a la familia? **Pregunta esencial**

¿En qué se parecen Moño y el perro del poema? **El texto y otros textos**

Enfoque:

Elementos literarios

Rima Las palabras que riman tienen el mismo sonido final.

Lee y descubre En el poema *Un gran amigo*, hay pares de versos con los mismos sonidos finales. Las palabras *parar* y *cantar* tienen los mismos sonidos finales. ¿Qué otros pares de palabras riman en el poema?

Tu turno

Escribe un poema sobre un animal que sea tu amigo. Usa palabras que riman al final de algunos versos. Incluye el sonido que hace el animal que has elegido.